AF311919

ENCYCLOPÉDIE-RORET

CHARPENTIER

ATLAS

PARIS

LIBRAIRIE ENCYCLOPÉDIQUE DE RORET

RUE HAUTEFEUILLE, 12

ENCYCLOPÉDIE-RORET

CHARPENTIER

BAR-SUR-SEINE. — IMP. SAILLARD.

MANUELS-ROR ET

NOUVEAU MANUEL COMPLET

DU

CHARPENTIER

OU

TRAITÉ ÉLÉMENTAIRE ET PRATIQUE DE CET ART

ATLAS

PARIS

LIBRAIRIE ENCYCLOPÉDIQUE DE RORET

RUE HAUTEFEUILLE, 12.

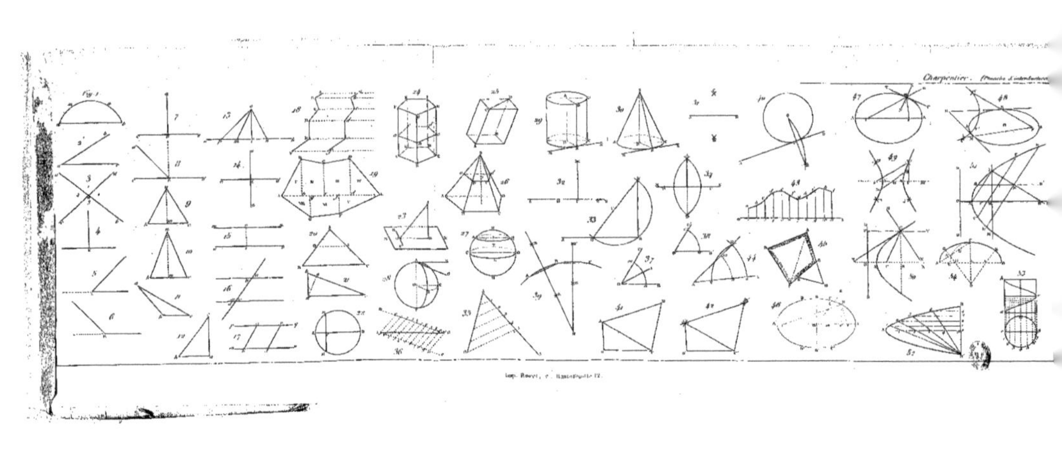

Charpentier.
Fig. 1
Imp. Borel, r. Hautefeuille 12.

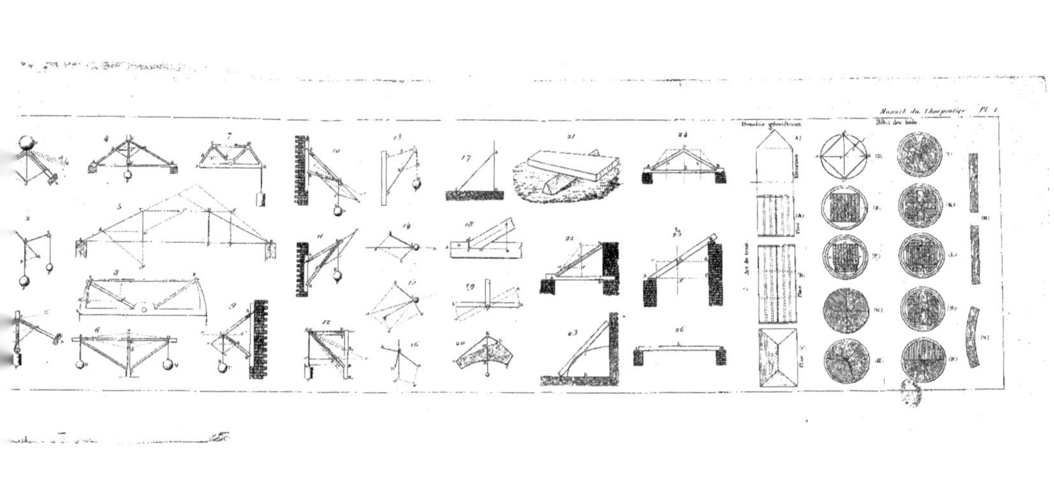
Manuel du Charpentier. Pl. 1.
Débit des bois

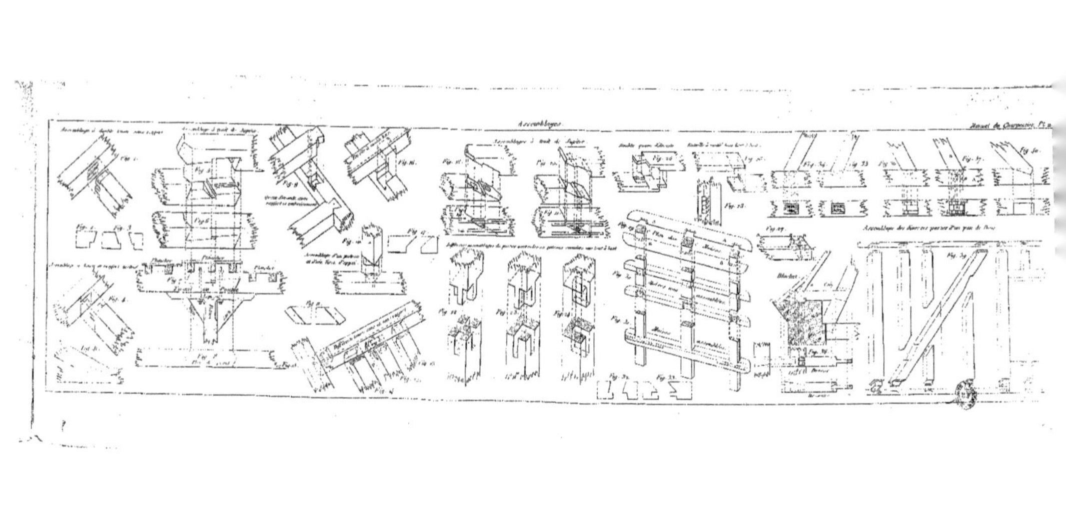

Assemblages
Manuel du Charpentier, Pl. 2

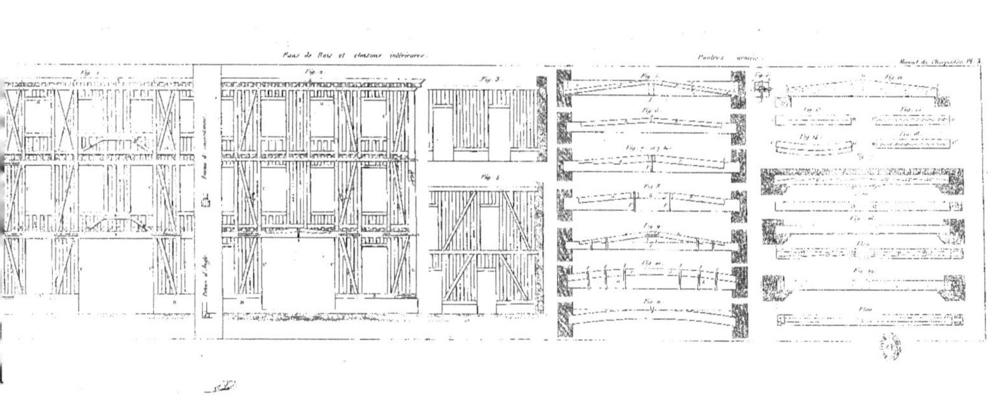
Pans de Bois et cloisons intérieures.
Poutres armées.
Manuel du Charpentier Pl. 3.

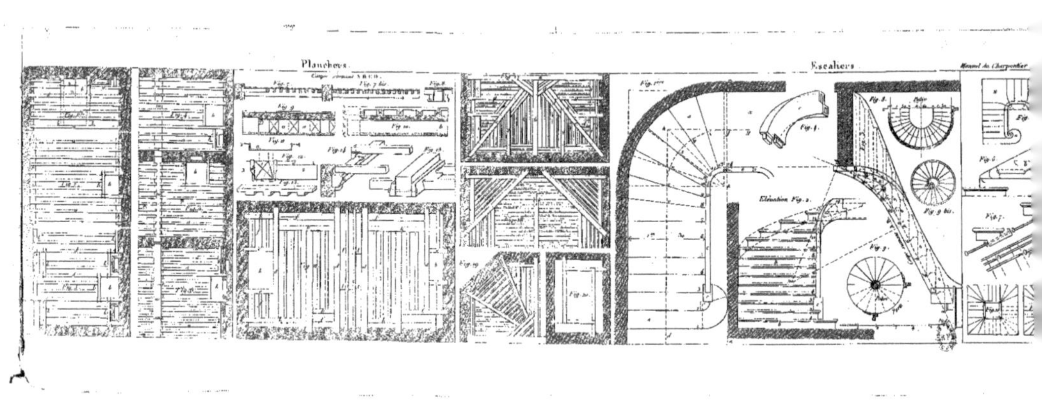

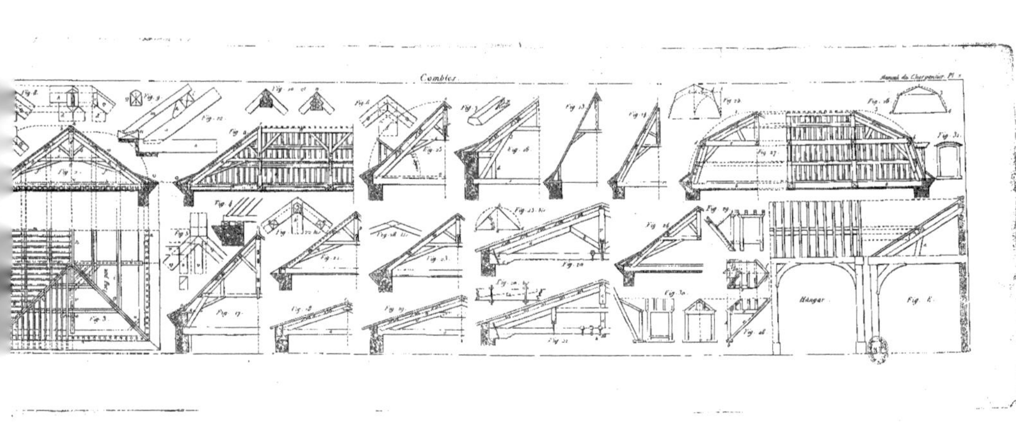
Combles.
Manuel du Charpentier, Pl. 1.
Hangar.

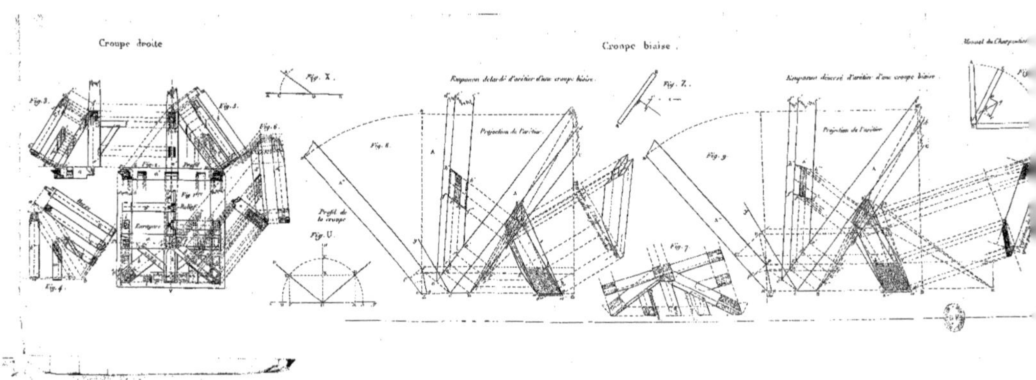
Croupe droite
Croupe biaise
Manuel du Charpentier
Fig. 3
Fig. 5
Fig. 6
Fig. X
Fig. Z
Fig. U
Fig. 4
Profil de la croupe
Rampanon délai d'arétier d'une croupe biaise
Projection de l'arétier
Fig. 8
Fig. 7
Fig. 9
Projection de l'arétier

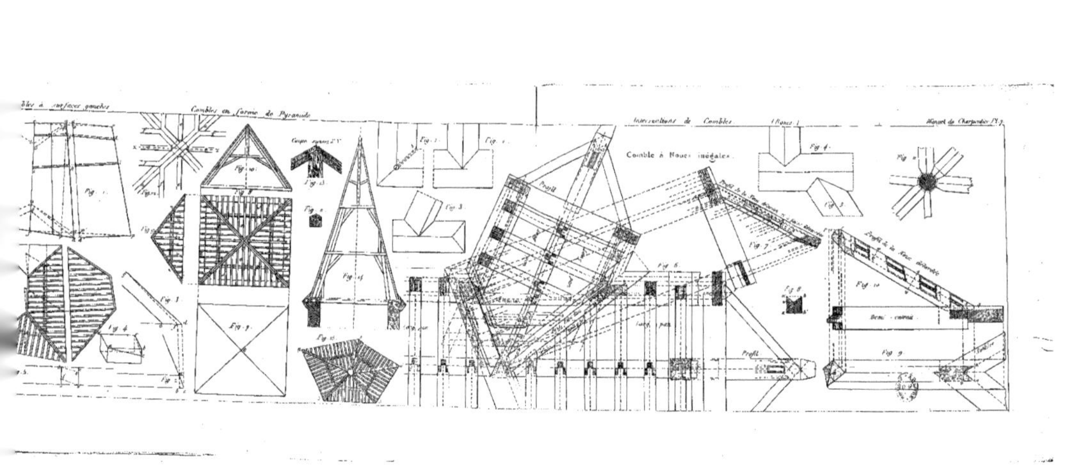
Combles en forme de Pyramide
Intersections de Combles (Noues)
Comble à Noues inégales
Manuel de Charpentier Pl. 3
Profil
Demi-coupe
Fig. 1
Fig. 2
Fig. 3
Fig. 4
Fig. 5
Fig. 6
Fig. 7
Fig. 8
Fig. 9
Fig. 10

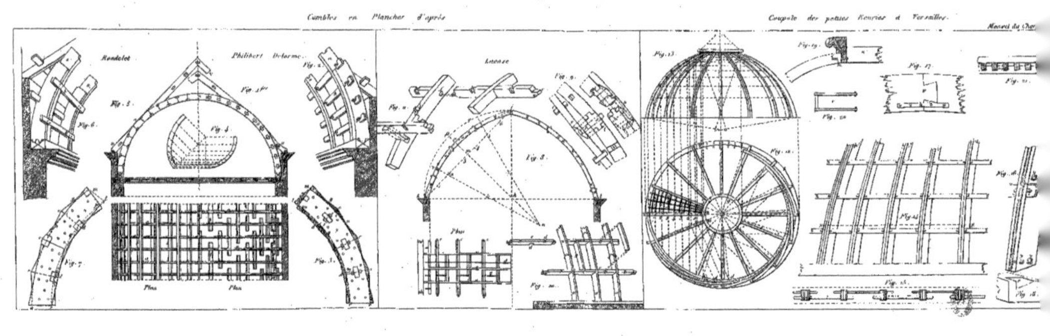
Rondelet
Philibert Delorme.
Lacroze
Fig. 1er
Fig. 2
Fig. 3
Fig. 4
Fig. 5
Fig. 6
Fig. 7
Fig. 8
Fig. 9
Fig. 10
Fig. 11
Fig. 12
Fig. 13
Fig. 14
Fig. 15
Fig. 16
Fig. 17
Fig. 18
Plan
Plan
Plan

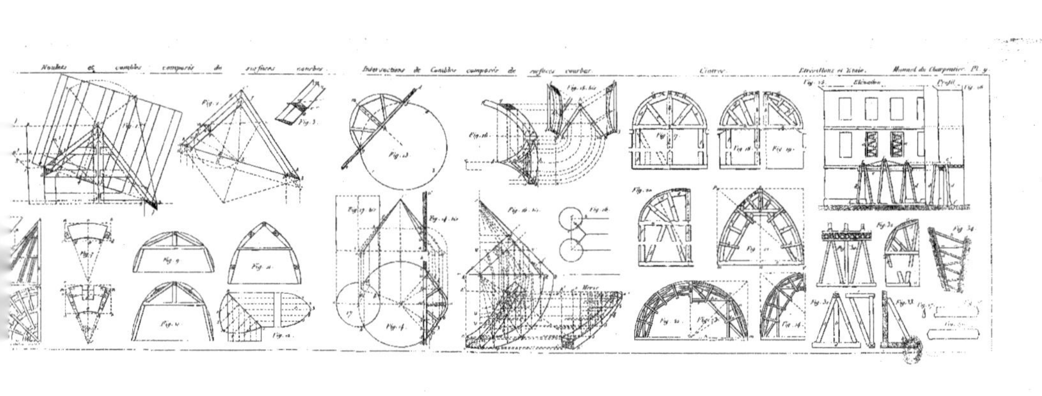

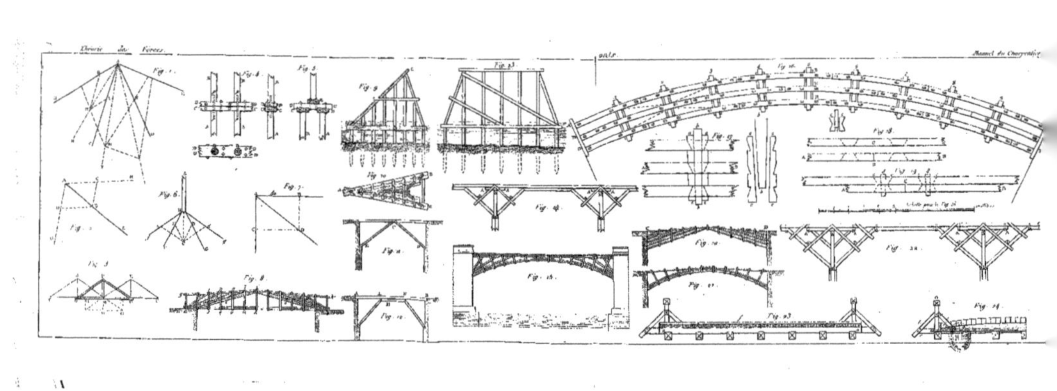

Théorie des Forces.
Manuel du Charpentier.

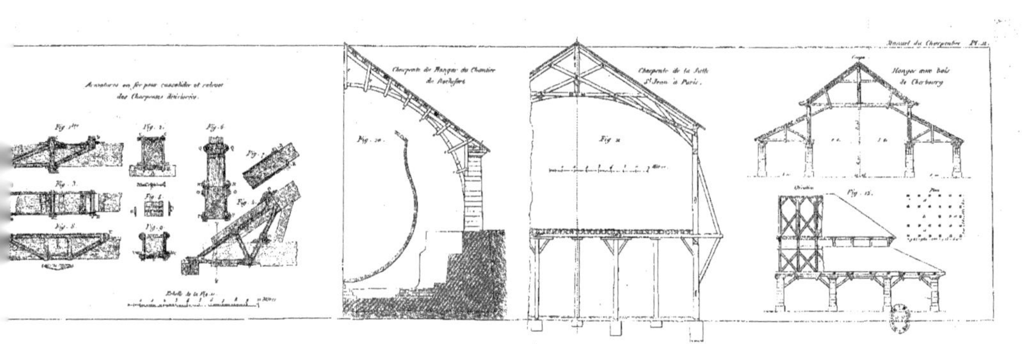

Armatures en fer pour consolider et relever
des Charpentes déversées.
Fig. 1er
Fig. 2.
Fig. 6.
Fig. 3.
Fig. 4.
Fig. 5.
Échelle de la Pl. 11.
Charpente du Hangar du Chantier
de Rochefort.
Fig. 10.
Charpente de la Salle
S.t Jean à Paris.
Fig. 11.
Hangar avec bois
de Cherbourg.
Coupe
Fig. 12.

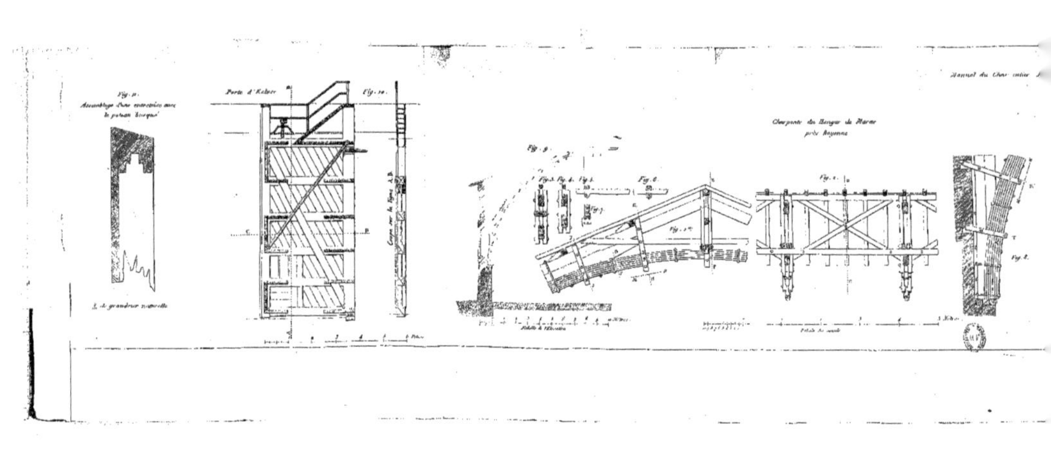

Fig. 11.
Assemblage d'une entretoise avec le poteau busqué
½ de grandeur naturelle
Porte d'Écluse
Fig. 10.
Coupe sur la ligne A.B.
Charpente du Hangar de Marac près Bayonne
Manuel du Charpentier
Fig. 8.
Fig. 2.
Échelle de l'élévation
Échelle des coupes

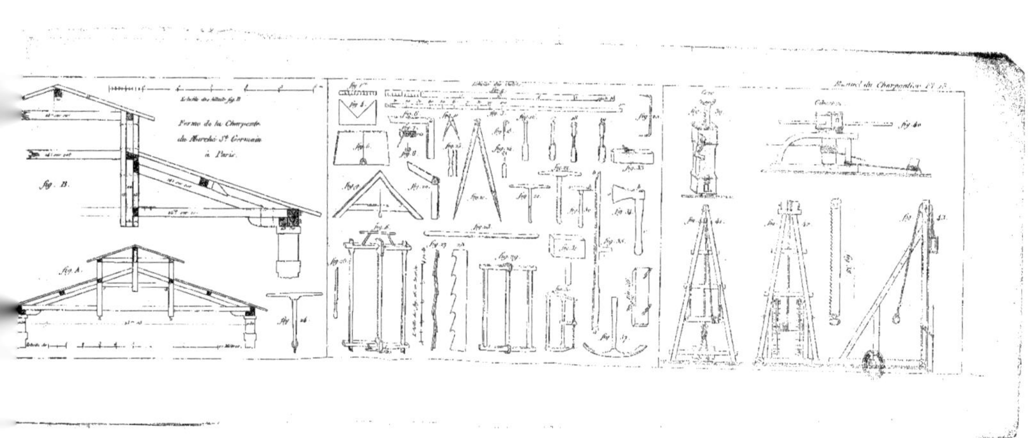

Recueil de Charpentes Pl. 15.
Échelle des hauteurs fig. B.
Ferme de la Charpente
du Marché St. Germain
à Paris.
fig. B.
fig. A.

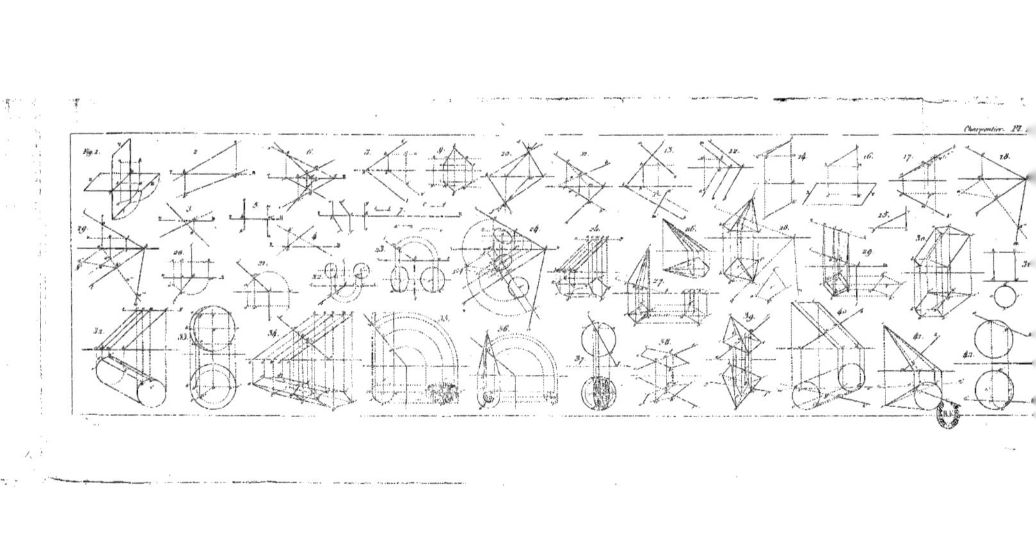

Charpentier. Pl.

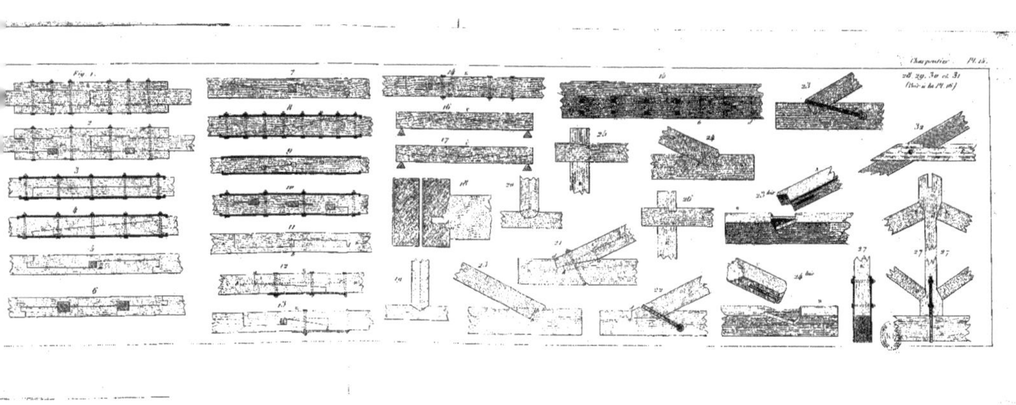
Charpentie. Pl. 25.
28. 29. 30 et 31
(Voir à la Pl. 26.)

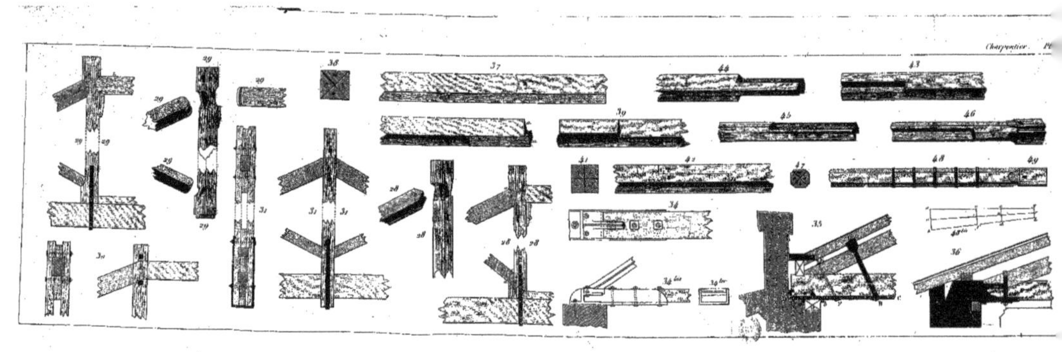

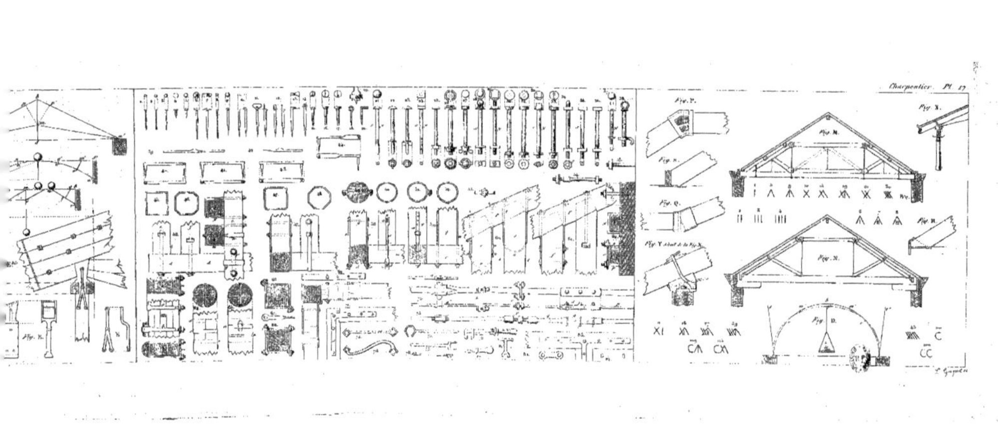
Fig. I.
Fig. II.
Fig. III.
Fig. IV.
Fig. V. abat de la Fig. IV.
Fig. VI.
Fig. VII.
Fig. VIII.
Fig. IX.
Fig. X.

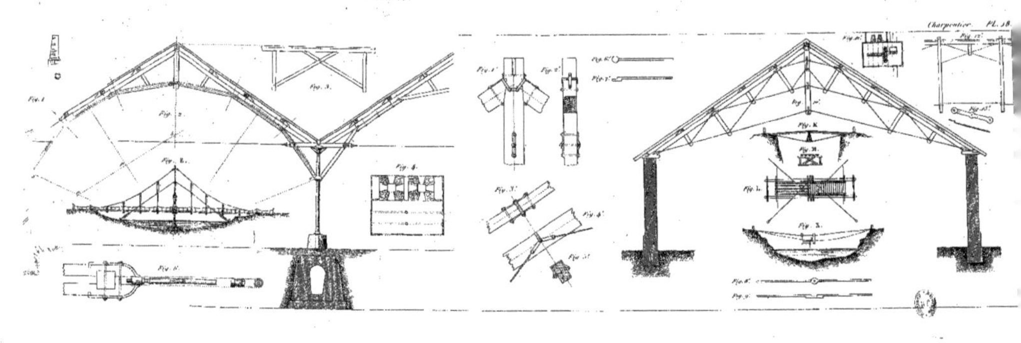
Charpentier Pl. 18.

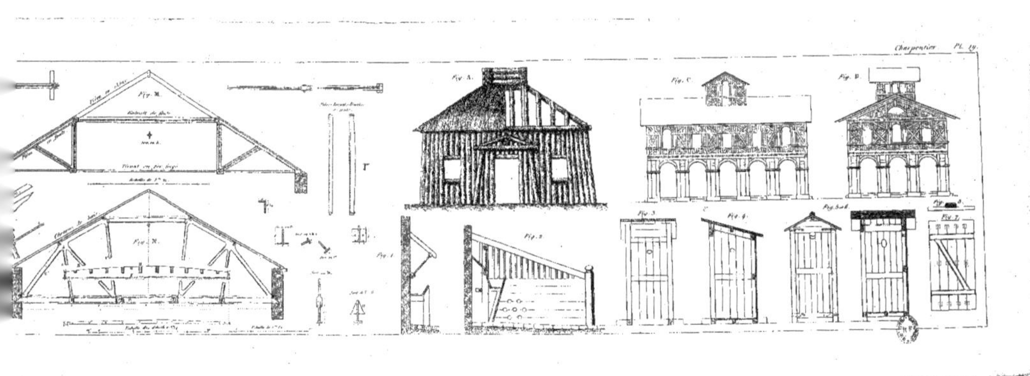

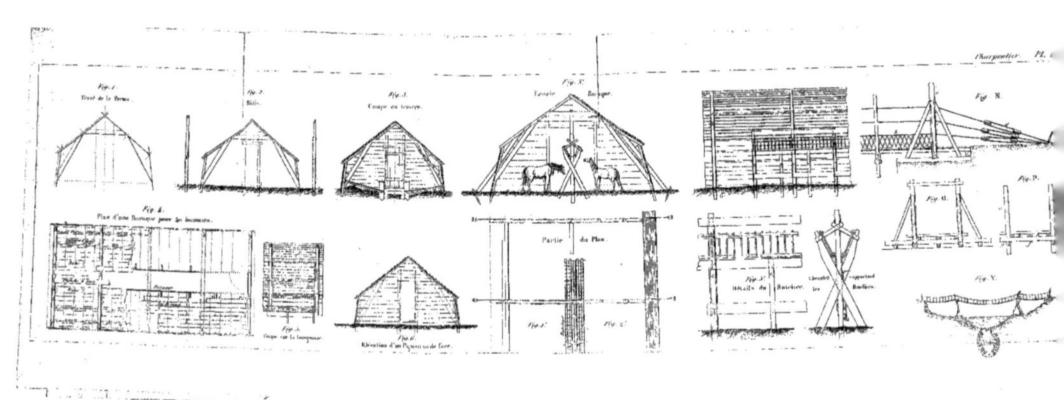

Charpentier. PL.
Fig. 1.
Tracé de la Ferme.
Fig. 2.
Bâti.
Fig. 3.
Coupe en travers.
Fig. 4.
Plan d'une Baraque pour les logements.
Fig. 5.
Écurie. Baraque.
Fig. 6.
Élévation d'un Pignon vu de face.
Fig. 7.
Coupe sur la longueur.
Partie du Plan.
Fig. 1.
Fig. 2.
Fig. 3.
Détails du Ratelier.
Libercel les
rapportant
Ratelier.
Fig. N.
Fig. O.
Fig. P.
Fig. X.

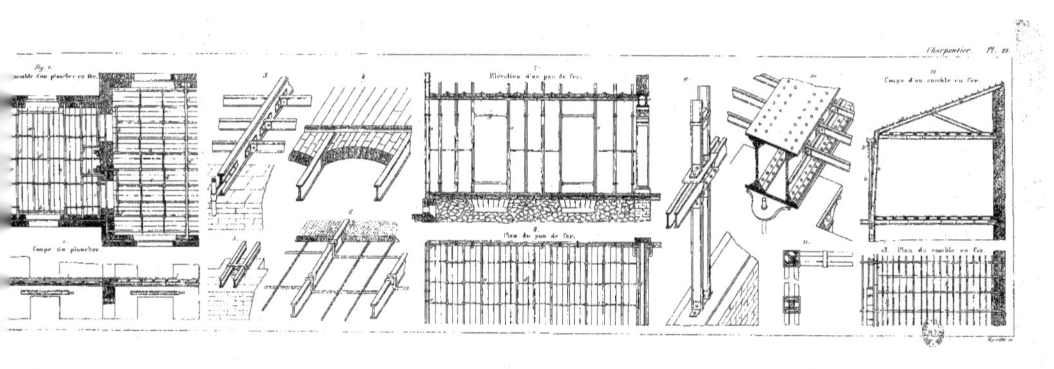

Fig. 1.
Ensemble d'un plancher en fer.
Coupe du plancher.
Élévation d'un pan de fer.
Plan du pan de fer.
Coupe d'un comble en fer.
Plan du comble en fer.

ENCYCLOPÉDIE-RORET

COLLECTION

DES

MANUELS-RORET

FORMANT UNE

ENCYCLOPÉDIE DES SCIENCES & DES ARTS

FORMAT IN-18

Par une réunion de Savants et d'Industriels

Tous les Traités se vendent séparément.

La plupart des volumes, de 300 à 400 pages, renferment des planches parfaitement dessinées et gravées, et des vignettes intercalées dans le texte.

Les Manuels épuisés sont revus avec soin et mis au niveau de la science à chaque édition. Aucun Manuel n'est cliché, afin de permettre d'y introduire les modifications et les additions indispensables.

Cette mesure, qui met l'Éditeur dans la nécessité de renouveler à chaque édition les frais de composition typographique, doit empêcher le Public de comparer le prix des *Manuels-Roret* avec celui des autres ouvrages, tirés sur cliché à chaque édition, et ne bénéficiant d'aucune amélioration.

Pour recevoir chaque volume franc de port, on joindra, à la lettre de demande, un mandat sur la poste (de préférence aux timbres-poste) équivalant au prix porté au Catalogue.

Cette franchise de port ne concerne que la **Collection des Manuels-Roret** et n'est applicable qu'à la France et à l'Algérie. Les volumes expédiés à l'Étranger seront grevés des frais de poste établis d'après les conventions internationales.

Imprimerie D. BARDIN, à Saint-Germain.

www.ingramcontent.com/pod-product-compliance
Ingram Content Group UK Ltd.
Pitfield, Milton Keynes, MK11 3LW, UK
UKHW031717170726
13836UKWH00001B/303

9 782019 686499